"으으으으! 도저히 못 참겠다!"

글 강민경

한양대학교 국어국문학과를 졸업하고 같은 학교 대학원에서 고전문학을 공부했습니다. 2002년 MBC 창작동화대상에 장편동화가 당선되면서 동화를 쓰기 시작했고, 지금은 한양대학교 창의융합교육원에서 문학을 가르치며 어린이를 위한 글을 쓰고 있습니다. 그동안 지은 책으로 《세계 면 요리 경연 대회》 《인어소년》 《아드님, 진지 드세요》 《100원이 작다고?》 등이 있습니다.

그림 이은지

그림책 작가이자 일러스트레이터입니다. 상상력을 자극하는 유쾌한 이야기와 유머가 있는 그림을 좋아합니다. 현대미술과 미술교육을 전공하고, 영국에서 그림책을 공부했습니다. 2016년에는 영국 첼튼햄 일러스트레이션 어워드에 선정되었습니다. 쓰고 그린 책으로 영국, 호주, 한국에서 출간된 《우주에서 온 초대장》과 《코숭이 무술》이 있습니다.

| 이 책에 대한 설명 |

가정용 냉장고가 널리 퍼지면서 사람들의 삶은 크게 바뀌었어요. 계절이나 지역에 상관없이 신선한 음식을 먹고, 한여름에도 손쉽게 얼음을 먹을 수 있게 되었지요. 그렇다면 냉장고가 발명되기 전까지 사람들은 어떻게 음식 재료를 보관했을까요?
이 책은 냉장고를 갑자기 쓸 수 없게 된 차차네 가족이 경험이 많은 동네 할머니를 찾아가 전통적인 음식 저장법에 관해 배우는 이야기를 그립니다. 건조법, 발효법, 절임법, 그리고 통조림 저장법까지 옛사람들의 지혜와 과학적인 원리가 녹아 있는 음식 저장법을 재미나게 익힐 수 있습니다.

스콜라 꼬마지식인 27

냉장고가 멈춘 날

강민경 글 | 이은지 그림

위즈덤하우스

"새로 사 온 음식 재료들 다 냉장고에 넣어 놔."
"먹다 남은 치킨도 잊지 말고!"
"물이랑 음료수도 시원하게 냉장고에 넣자."
차차네 가족은 무엇이든 냉장고에 넣어요.
선반도 서랍도 음식으로 꽉 차서 문이 닫히지 않을 정도예요.
"요즘에는 냉장고가 커서 참 좋아. 내가 유학할 때는 말이야……."
달봉이 삼촌이 빵빵한 냉장고를 보며 흐뭇하게 웃음 짓던 그때였어요.
"부르르르르 우르르르르……."
갑자기 냉장고가 이상한 소리를 내더니, 팍 꺼져 버렸어요.

"엥? 무슨 일이지?"

엄마가 냉장고 문을 여닫고, 아빠가 냉장고를 탕탕 두드리고,

달봉이 삼촌이 빛을 비춰 보아도,

불이 꺼진 냉장고는 꿈쩍도 하지 않았어요.

엄마가 걱정스레 한숨을 내쉬었어요.

"냉장고가 고장 났나 봐. 이 더위에 음식 다 상하겠네."

엄마는 옆집에 음식을 맡기러 갔고,

아빠는 이참에 새 냉장고를 사야겠다며 주문 전화를 했어요.

"어머 어머, 큰일이네. 이 동네 냉장고가 다 고장 났대."

"어허, 이럴 수가. 지금 주문해도 한 달 후에야 받을 수 있대."

엄마, 아빠의 표정이 어두워졌어요.

냉장고가 있으면 무엇이 좋을까?

냉장고는 단순히 음식을 시원하게 보관하는 일만 하는 게 아니야. 냉장고가 발명된 이후로 사람들은 매일 장을 볼 필요가 없어졌지. 식품을 파는 사람들도 계절에 관계없이 다양한 식품을 공급할 수 있게 되었고. 무엇보다 사람들이 병에 잘 걸리지 않게 되었어. 찬 공기 속에서는 병균이 활동하지 못해서 음식이 잘 상하지 않거든. 그래서 식중독과 설사가 확 줄어들었어. 이뿐만 아니라 약도 냉장고에 보관할 수 있으니, 많은 사람들이 오랫동안 건강하게 살 수 있게 되었지. 이게 다 냉장고 덕분이라고!

동네 사람들은 골목길에 나와 발을 동동거렸어요.
"아이스크림은 벌써 줄줄 녹고 있어요."
"생선이랑 고기를 잔뜩 사 왔는데, 상하면 어떡하지요?"
"저 채소 짓물러지는 건 어쩌면 좋아요?"

뉴스에서도 차차네 동네 이야기가 나왔어요.
"오늘 한 동네의 냉장고가 모두 파업을 선언했습니다. 갑작스런 상황에 냉장고 주문량이 크게 늘어났지만, 해결될 낌새는 아직……."

냉장고가 없던 시절에는 어떻게 얼음을 먹었을까?

옛날에는 돌로 창고를 지어 햇볕을 막고 얼음을 보관했어. 이러한 얼음 창고를 '석빙고'라고 해. 겨울에 얼음을 캐 석빙고에 보관하면 한여름에도 얼음을 쓸 수 있었지. 우리나라에서 가장 오래된 석빙고는 경주에 있고, 조선 시대에 지어진 것은 서울 용산과 옥수에 그 흔적이 남아 있어. 바로 동빙고와 서빙고야. 냉장고와 냉동실이 없어도 얼음을 사용했던 조상들의 지혜가 대단하지?

모두가 음식물 걱정으로 땅이 꺼질 듯 한숨을 쉬던 그때였어요.
"꼭대기 집 할머니에게 가 보면 어때요?"
차차의 말에 동네 사람이 고개를 돌렸어요.
"할머니는 평소에도 냉장고 없이 사시잖아요.
어떻게 음식을 보관하시는지 가서 배우면 될 것 같아요."
사람들은 고개를 끄덕이며 꼭대기 집으로 우르르 몰려갔어요.
"최첨단 과학 시대에 냉장고 없이 사는 법을 배운다고?
난 그 방법 반대일세. 내가 유학했을 때는 말이야……."
달봉이 삼촌이 입을 삐죽거리며 투덜댔지만, 아무도 듣지 않았어요.
혼자가 된 삼촌은 마지못해 사람들을 따라 발걸음을 옮겼어요.

꼭대기 집에는 정말로 냉장고가 없었어요.
할머니는 사람들의 이야기를 듣더니 허허 웃었어요.
"그랬구먼. 냉장고가 뿔났구먼. 마구잡이로 음식을 넣고
제대로 정리도 안 하니 냉장고가 화날 만하지."
그리고 사람들이 들고 온 생선 몇 마리를 골라 깨끗이 씻었어요.
"먼저 상하기 쉬운 생선부터 다듬어 볼까?
생선을 말릴 때는 내장을 다 빼고 반으로 갈라야 해."
몇몇 아줌마와 아저씨가 할머니를 그대로 따라 했어요.
"짭짤하게 소금물을 만들어 세 시간 정도 담가 놓는 거야.
그다음에 잘 헹궈서 소쿠리에 펴 놓으면 돼.
겨울에는 밖에 두기만 해도 잘 마르는데,
여름에는 선풍기를 세게 틀어 놓는 게 좋지."

"나물도 어렵지 않아. 팔팔 끓는 소금물에 살짝 데쳤다가
햇볕에 잘 널어 두면 돼."
"우아! 신기하네요. 생선이든 나물이든
반드시 냉장 보관해야 하는 줄 알았는데."
동네 사람들이 할머니를 따라 나물을 널면서 감탄했어요.
"이렇게 바싹 말려 두면, 몇 달 후에 삶아도 싱싱하게 먹을 수 있어."
할머니가 햇볕에 널어 둔 나물과 생선을 뿌듯하게 바라보았어요.
"도무지 난 이 비과학적인 방법에 찬성할 수가 없어.
공기를 차단해야 세균이 없어지는 것이지, 흐음."
달봉이 삼촌은 못마땅한 표정으로 음식들을 째려보았어요.

음식을 말려 보자

식품에 들어 있는 물기를 말리면 미생물이 활동할 수 없게 되지. 그래서 상하지 않고 오래 보관할 수 있는 거야. 물기가 많은 생선이나 채소뿐 아니라 곡식이나 과일도 말릴 수 있어.

감 말리기

과일은 말려서 먹으면 더 달아져. 과일을 너무 많이 샀거나 먹다가 질리면 한번 말려서 먹어 봐. 색다른 맛을 느낄 수 있어. 우리 함께 감을 말려 볼까?

1. 감의 껍질을 깎는다. 이때 감꼭지는 떼지 말고 남겨 둔다.
2. 꼭지에 실을 돌돌 돌려 묶는다.
3. 빨래 건조대나 막대에 감이 달린 실을 매단다.
4. 바람이 잘 통하고 햇볕이 잘 드는 곳에 두고 곶감이 되기를 기다린다.

"할머니! 이 우유는 나물처럼 말릴 수가 없으니 버려야겠지요?"
차차가 냉장고에서 들고 온 우유를 들어 보이며 물었어요.
"에구, 버리다니! 다 방법이 있단다."
할머니가 사람들이 가져온 우유를 솥에 넣고 끓이기 시작했어요.
"휘휘 잘 저어야 해. 넘치지 않게, 눌어붙지 않게."
차차도 할머니를 도와 커다란 나무 주걱으로 우유를 저었어요.
부글부글 우유가 끓어오르자 할머니는 레몬즙을 넣고 불을 줄였어요.

잠시 후 우유가 몽글몽글 덩이지기 시작했어요.
할머니는 깨끗한 면포에 우유 덩어리를 넣고 꽉 비틀어 물기를 짜냈어요.
"이렇게 두세 시간 두면 맛있는 치즈가 되는 거란다."
"우아, 진짜 신기해요."
차차는 몽글거리는 우유, 아니 치즈를 먹어 보았어요.
따뜻하고 아주 고소했어요.

발효가 뭐야?

미생물이 자기가 갖고 있는 효소로 식품을 분해시키는 것을 '발효'라고 해. 발효는 음식이 썩는 것과는 달라. 발효가 되면 우리 몸에 좋은 물질이 만들어지지만, 썩으면 나쁜 냄새가 나고 몸에 안 좋은 음식이 되어 버리지. 발효시킨 식품은 오래 보관할 수 있어. 대표적인 예가 바로 치즈야. 배추에 갖은 양념을 넣어서 만든 김치, 콩을 삶아 만든 된장, 고추와 된장을 섞어 만든 고추장, 소금에 절인 젓갈도 모두 발효 식품이야. 특히 김치와 된장은 몸에 아주 좋아서 세계에서도 주목하는 음식이지.

"난 이 방법 반대일세."
사람들이 치즈를 먹어 보며 고소하다고 입을 모으자,
달봉이 삼촌이 샐쭉한 표정으로 말했어요.
"그렇게 비과학적인 방법으로 접근하면 곰팡이가 핀다고요.
곰팡이는 나빠요, 나빠.
제일 믿고 먹을 수 있는 것은 뭐니 뭐니 해도 통조림이지."
달봉이 삼촌은 통조림 하나를 열어서 입에 털어 넣었어요.
그러자 차차가 고개를 갸웃거리며 말했어요.
"삼촌! 좋은 곰팡이도 있어요. 효모는 음식을 발효시키는
좋은 곰팡이잖아요. 유학 갔다 왔다면서 그것도 몰라요?"
차차의 말에 달봉이 삼촌은 할 말을 못 찾고 통조림만 먹었어요.

"아직도 음식들이 저렇게 많이 남아 있어요. 어쩌면 좋아요?"
사람들이 수북이 쌓인 음식들을 가리키자, 할머니는 싱긋 웃었어요.
"대부분의 음식은 절여 놓으면 오래 보관할 수 있지."
할머니는 입구가 넓은 커다란 병을 씻고는,
팔팔 끓는 물에 넣어 깨끗이 소독했어요.
그리고 멍게는 멍게대로, 오징어는 오징어대로, 멸치는 멸치대로
병에 넣고 굵은 소금을 가득가득 채웠어요.
"할머니, 혹시 젓갈 만드시는 거예요?"
차차가 묻자, 할머니는 빙그레 웃으며 고개를 끄덕였어요.

"소금 절임만 있는 게 아니야. 식초와 설탕에 절여도 되지.
식초와 소금, 설탕과 물을 넣고 팔팔 끓이다가
깍둑깍둑 썬 양배추나 오이에 부으면 새콤달콤한 피클이 되고."
사람들은 할머니가 하는 대로 채소에 식초 물을 부었어요.
잘게 저미거나 채 썬 유자, 레몬, 사과에는 설탕을 담가 놓았고요.
"몇 달만 기다리면 맛있는 청이 된단다.
잼처럼 써도 되고, 차로도 끓여 먹을 수 있지."
할머니의 말에 차차는 벌써 입에 침이 고이는 것 같았어요.

절임법에는 뭐가 있을까?

식품을 절이는 방법에는 여러 가지가 있어. 소금에 절이는 '염장법', 식초에 절이는 '초절임법', 설탕에 절이는 '당장법'이 대표적이야. 김치나 젓갈은 발효시키기 전에 소금에 절여야 더 오래 보관할 수 있어. 또 식초로 절임을 하면 오래 보관할 수 있고 맛도 좋아지지. 과일 및 생강이나 연근 같은 뿌리채소는 설탕이나 꿀에 절이면 맛이 더욱 좋아져 아이들 사이에서도 인기 만점이야.

할머니는 병을 모두 모아 햇볕이 들지 않는 곳에 놓았어요.
"이렇게 며칠만 놔두면 몇 달 후까지 먹을 수 있는
맛있는 밑반찬이 되지."
병을 바라보는 사람들의 얼굴에 뿌듯함이 서렸어요.
이 모습을 가만히 지켜보고 있을 달봉이 삼촌이 아니었어요.
"그냥 이렇게 놔두라고? 수분이 많을수록 음식이 빨리 상할 텐데."
"절이는 거라니까. 음식 재료에 소금 등이 배어들면
안에 있던 물기가 저절로 빠져나와."
달봉이 삼촌이 투덜거리자 할머니도 참다못해 톡 쏘아붙였어요.
"물기가 빠져나온다고? 삼투압 원리인가?"
달봉이 삼촌이 작게 중얼거렸어요.

차차

삼촌, 삼투압이 뭐야?

달봉

삼투압이란, 농도가 낮은 곳에서 높은 곳으로 물이 흘러가는 현상을 말해. 목욕탕에서 뜨거운 물에 들어가 있으면 손끝, 발끝이 쪼글쪼글해지는 걸 볼 수 있지? 우리 몸속의 농도보다 목욕탕 물의 농도가 더 높아서 수분이 빠져나갔기 때문이야.

그럼 삼투압 원리를 이용해서 음식을 저장한다는 건 무슨 뜻이야?

차차

달봉

소금을 잔뜩 넣은 병에 오이를 넣는다고 생각해 봐. 오이 속보다 바깥의 소금 농도가 훨씬 높겠지? 그러니 오이 속에 있던 수분이 밖으로 빠져나오는 거야. 내부의 물기가 빠졌으니 그냥 오이보다 절인 오이를 더 오래 보관할 수 있겠지?

물이 오이를 감싸고 있으니 그 물이 다시 오이 속으로 들어가지 않을까?

차차

달봉

오이 속보다 바깥의 소금 농도가 여전히 높기 때문에 물이 다시 들어가지는 않는단다. 걱정하지 말렴.

앗, 삼촌! 삼촌 얼굴이 쪼글쪼글해지는 것도 삼투압 때문이야?

차차

달봉

뭐? 이, 이건 그냥 주름살이야. 차차, 너 지금 나 놀리는 거지?

히히! 눈치챘어?

차차

"아무리 그래도 가장 과학적이고 위생적인 저장법은
서양에서 넘어온 방법이에요. 가열한 뒤 공기를 차단하는 거지요."
달봉이 삼촌이 앞으로 나서며 말했어요. 사람들 눈이 동그래졌어요.
"그 말도 일리가 있네. 역시 유학 갔다 온 사람이라 똑똑하네."
"복숭아 통조림을 생각해 보세요. 설탕물에 팔팔 끓여서
통에 넣고 완전히 공기를 차단하잖아요. 얼마나 깨끗해요?"
삼촌이 뽐내듯이 말하자 차차는 고개를 갸웃거렸어요.
"할머니가 만든 이 병도 결국 통조림이잖아요.
통 대신에 이 병을 사용한 건데."
차차의 말에 사람들이 무릎을 탁 치며 웃었어요.
"그러네. 이게 바로 통조림이네."
"하하, 유학 갔다 온 달봉이 삼촌보다 차차가 더 똑똑하네."
사람들이 웃자, 달봉이 삼촌이 흠흠 헛기침을 했어요.

통조림도 저장법이야?
식품을 가열해서 미생물을 살균시킨 후 공기와 차단시켜 다시 오염되지 않도록 하는 방법이 통조림 저장법이야. 가열한 후 통에 밀봉한 식품은 오랫동안 안전하게 저장할 수 있을 뿐 아니라, 보관이나 배달을 하기에도 아주 편리하지.

"아, 아니 그러니까…… 외국에서 많이 쓰는, 더 좋은 방법이 있어요.
연기를 사용해서 익히는 방법이에요. 제가 바로 만들어 볼게요."
달봉이 삼촌은 상자를 가져와 그 안에 불을 지폈어요.
"켁켁! 이건 훈연법인데, 이렇게 연기 속에 고기를 몇 시간 두면
맛있는 햄도 되고 베이컨도 돼요."
삼촌이 연기 자욱한 상자 안에 고기를 넣자, 사람들이 웅성거렸어요.
"콜록콜록! 근데 요새 미세 먼지가 문제인데,
연기를 쐬면 안 좋은 거 아닌가?"
"켈록켈록! 그러게 말이야. 저렇게 연기만 쐰다고 세균이 없어지나?"
사람들의 말에 달봉이 삼촌의 얼굴이 빨개졌어요.
시커먼 연기는 멈출 줄 모르고 피어올랐어요.

연기로 식품을 보관한다고?

연기를 이용해 식품을 보관하는 것을 '훈연법'이라고 해. 예전에는 사람들이 비가 들이치지 않는 다락에 고기나 생선, 치즈 같은 음식물을 걸어 두었어. 그런데 굴뚝에서 올라온 연기에 식품들이 휩싸이자, 더욱 맛있어지고 오래도록 썩지 않는다는 걸 알게 되었지. 바로 나무의 연기 분자 속에 있는 페놀 화합물 덕분이야. 음식을 썩게 하는 미생물을 막으면서, 특유의 감칠맛과 향을 나게 해 주지. 어때, 음식은 냉장고에만 보관할 수 있는 게 아니지?

"우리나라 음식에는 연기 쐬어 저장하는 게 안 맞을 텐데."
할머니는 과일나무를 써야 그나마 그을음이 적다며
불 피우는 나무를 바꿔 주었어요.
그러자 시커먼 연기가 곧 하얀 연기로 변했어요.
할머니는 상자를 꼭꼭 닫아, 연기가 밖으로 새어 나오지 않게 했어요.
삼촌이 머쓱해져서 머리를 긁었어요.
"그러고 보니 육포도 연기로 만든 것이기는 하네."
"고기도 연기 불에 구워 먹으면 맛있지. 허허."
고기 익는 냄새가 코를 찌르자, 사람들이 한마디씩 했어요.
차차가 더 이상 참지 못하고 소리쳤어요.
"배고파요!"

"아이고! 내 정신 좀 보게나. 밥 먹을 때가 훨씬 지났네.
다들 같이 상을 차려 보자고."
할머니는 집 안 곳곳에서 반찬을 꺼내어 상을 차리기 시작했어요.
마당에 파묻어 둔 항아리에서 꺼낸 온갖 김치,
짭짤하고 매콤한 젓갈과 장아찌가 상 한가득 차려졌어요.
할머니가 말린 나물들을 꺼내 삶고, 사람들이 쓱쓱 무쳐 냈어요.
햇볕에 꾸덕꾸덕 말린 생선을 굽고,
갓 딴 채소에 치즈를 올려 샐러드도 만들었지요.

왜 항아리를 땅에 파묻을까?

식품의 온도를 낮추면 미생물의 활동을 막아 저장 기간을 늘릴 수 있지. 그래서 땅을 파고 동굴 비슷한 것을 만들어 식품을 저장하고는 했어. 이런 동굴을 '움'이라고 하고, 움에다 식품을 저장하는 것을 '움 저장법'이라고 해. 움에는 채소나 과일 등을 보관하고는 했어. 겨울이 시작될 무렵 김장을 해서 항아리에 넣고 묻는 것도 움 저장법의 일종이라고 보면 돼.

"우리 차차가 배가 많이 고팠겠구나. 어여 먹자꾸나."
"잘 먹겠습니다!"
모두 상 앞으로 바싹 다가앉아 밥을 먹기 시작했어요.
"우아! 냉장고가 없어도 이렇게 음식을 맛있게 먹을 수 있다니."
"나물이 금방 삶은 것처럼 싱싱해요."
"우유로 만든 치즈가 엄청 고소해요."
"생선을 말렸다가 구우니 더 맛있네요."
사람들 모두 맛있게 음식을 먹었어요. 아니, 딱 한 사람 빼고요.
달봉이 삼촌은 여전히 못마땅한 표정으로 통조림만 만지작거렸어요.

"달봉이 삼촌! 같이 먹어요!"
차차가 아무리 불러도 삼촌은 고개를 저을 뿐이었어요.
"비과학적으로 만든 음식이 맛있을 리 없어. 난 통조림을 먹을 거야."
달봉이 삼촌이 통조림을 따려는 순간,
차차가 숟가락 가득 반찬을 담아 삼촌 입에 밀어 넣었어요.
"어어…… 엇!"
달봉이 삼촌의 눈이 휘둥그레졌어요.
"진짜 맛있다!"
삼촌은 사람들을 헤치고 상 앞으로 바싹 다가앉아
허겁지겁 밥을 먹기 시작했어요.

"음식을 보관하는 방법이 이렇게나 많다니 놀랍네요."
"앞으로는 음식을 냉장고에만 넣어 두지 않을게요."
"또 배우러 오겠습니다."
동네 사람들은 후식으로 말린 과일과 구수한 차까지 맛있게 먹었어요.
할머니 얼굴이 흐뭇함으로 가득했어요. 그때였어요.
"저, 저……."
달봉이 삼촌이 주저주저하며 할머니 앞으로 다가갔어요.

"덕분에 잘 먹었습니다. 우리나라 음식 저장법이 이렇게 다양하고 과학적인 줄 몰랐어요. 죄송해요."
달봉이 삼촌의 얼굴이 빨개졌어요.
"괜찮아, 괜찮아. 몰라서 그런걸, 뭐."
할머니가 삼촌의 어깨를 토닥토닥 두드려 줬어요.

동네 곳곳에서는 음식 이야기가 한창이에요.
"생선이 많이 있어서 반은 젓갈 만들고, 반은 햇볕에 말리려고요."
"맛있겠네요. 전 무 초절임을 하고, 남은 걸로 말랭이를 할 거예요."
"전 매실로 청도 담그고 장아찌도 담그는 중이에요."
사람들은 냉장고 구석구석 박혀 있던 음식들을 꺼냈어요.
"호호호, 왠지 동네가 활기차네요."
"그러게요. 음식을 손질하다 보니 이렇게 얼굴도 보고 좋네요."
"다음에는 김장도 같이 해요. 하하하."
동네에서 퍼지는 웃음소리가 꼭대기 집까지 가 닿았어요.

| 부 록 |

냉장고는 이렇게 정리해요!

냉장고를 자주 여닫으면 음식이 잘 상해요. 또한 문을 한 번 열 때마다 온도가 오르기 때문에 다시 차갑게 하려면 전기가 많이 들지요. 그렇다면 어떻게 냉장고를 효과적으로 관리할 수 있을까요?

냉장실은 여유 있게, 냉동실은 빽빽하게!

냉장실이 70% 이상 차게 되면 냉기가 잘 순환하지 않아서 내부 온도가 올라가요. 그러니 물건을 많이 두지 않는 편이 좋아요. 반면 냉동실은 꽉꽉 채울수록 좋아요. 냉동실을 90% 이상 채워야 차가운 열이 옆으로 잘 전달되어서 냉기가 유지되거든요.

냉장고 문에는 쉽게 상하지 않는 음식을!

열었다 닫았다 하는 냉장고 문 쪽은 온도 변화가 가장 심해요. 그래서 여기에는 쉽게 상하지 않는 소스나 잼, 음료 등을 보관하는 것이 좋아요. 대신 깨지거나 상하기 쉬운 달걀은 통에 담아 안쪽에 넣어 두는 것이 신선도를 오래 유지하는 방법이랍니다.

냉기 구멍 앞은 차가워요!

냉장실 벽을 보면 냉기가 나오는 구멍이 있어요. 그 근처의 온도가 가장 낮기 때문에 수분이 많은 두부나 채소를 두면 쉽게 얼어요. 냉기가 잘 순환해야 내부 온도가 신선하게 잘 유지될 수 있으니, 구멍 앞은 되도록 비워 두는 것이 좋겠지요?

과일이나 채소는 씻지 말고 그대로!

과일이나 채소는 씻지 않고 넣어야 오래 보관할 수 있어요. 흙이나 지저분한 것들만 털어 주고 신문지에 둘둘 싸서 서랍에 넣어 두면 신선도가 오래가요. 단, 사과는 다른 채소들을 숙성시키는 성질이 있으니 따로 보관해야 해요.

냉장고의 발명과 역사

1. 얼음 만들기

예전에는 겨울에 생긴 얼음을 동굴이나 창고에 보관해서 사용했어요. 그러던 중 영국의 과학자 윌리엄 컬런이 직접 얼음 만들기에 도전했어요. 1748년 컬런은 땀이 마르면서 피부의 열을 빼앗아 가는 원리를 응용하여, 가장 빠른 속도로 증발하는 물질 중 하나인 아질산 에틸을 이용해 인공적으로 얼음을 만드는 데 성공했어요.

2. 냉동 기술의 발전

컬런 이후 수많은 사람들이 냉동 기술을 발전시켰어요. 그러던 어느 날, 스코틀랜드의 인쇄 기술자 제임스 해리슨은 활자를 에테르로 씻다가 에테르가 증발하면서 손을 시리게 만든다는 것을 깨달았어요. 그리고 이 원리를 이용해 1851년 최초의 냉장고를 만들어 국제 박람회에 전시했지요. 그 이후로 해리슨은 '냉장고의 아버지'로 불리게 되었어요.

3. 작아진 냉장고

이때까지만 해도 냉장고는 어마어마하게 커서 개인이 사용하기가 어려웠어요. 1875년 독일의 엔지니어이자 사업가인 카를 폰 린데가 암모니아를 이용한 냉장고를 발명하면서 냉장고의 크기가 줄어들게 되었지요.

4. 아직 남은 숙제

암모니아는 냉동 효과가 우수했지만 자칫 잘못해서 가스가 새어 나오면 불쾌한 냄새가 날 뿐 아니라 인체에도 아주 해로웠어요. 암모니아를 대신할 만한 물질을 찾던 중, 1930년대에 들어서 프레온 가스를 사용한 냉장고가 개발되었어요. 바로 지금 우리가 사용하고 있는 냉장고이지요. 하지만 프레온 가스는 오존층을 파괴하는 주범으로 밝혀졌어요. 이제 과학자들은 인류의 건강과 지구 환경을 함께 지킬 수 있는 방법을 찾기 위해 열심히 연구하고 있답니다.

스콜라 꼬마지식인 27
냉장고가 멈춘 날
초판 1쇄 발행 2018년 10월 23일 **초판 10쇄 발행** 2024년 5월 7일

글 강민경 **그림** 이은지
펴낸이 최순영

교양 학습 팀장 김솔미
키즈 디자인 팀장 이수현 **디자인** urbook

펴낸곳 ㈜위즈덤하우스 **출판등록** 2000년 5월 23일 제13-1071호
제조국 대한민국 **주소** 서울특별시 마포구 양화로 19 합정오피스빌딩 17층
전화 02)2179-5600 **홈페이지** www.wisdomhouse.co.kr **전자우편** kids@wisdomhouse.co.kr

ⓒ 강민경·이은지, 2018
ISBN 978-89-6247-983-6 74590

* 이 책의 전부 또는 일부 내용을 재사용하려면 반드시 사전에 저작권자와
  ㈜위즈덤하우스의 동의를 받아야 합니다.
* 인쇄·제작 및 유통상의 파본 도서는 구입하신 서점에서 바꿔드립니다.
* 책값은 뒤표지에 있습니다.
* 이 책의 사용 연령은 8~13세입니다.

"후유, 이제 좀 살겠다."